Julia Fischer

Studie von AdTrend zur Werbewirkung bei Viel- und Wenigsehern

GRIN Verlag

Bibliografische Information der Deutschen Nationalbibliothek:

Die Deutsche Bibliothek verzeichnet diese Publikation in der Deutschen National-
bibliografie; detaillierte bibliografische Daten sind im Internet über http://dnb.d-
nb.de/ abrufbar.

Impressum:

Copyright © 2006 GRIN Verlag GmbH
Druck und Bindung: Books on Demand GmbH, Norderstedt Germany
ISBN: 978-3-640-17178-1

Dieses Buch bei GRIN:

http://www.grin.com/de/e-book/114510/studie-von-adtrend-zur-werbewirkung-bei-
viel-und-wenigsehern

Studie von AdTrend zur Werbewirkung bei Viel- und Wenigsehern

Referat im Studiengang Kommunikationspsychologie

Seminar: Werbung und Informationsverarbeitung

SS 2006

Hochschule Zittau / Görlitz (FH)

Fachbereich Sozialwesen

Verfasserin: Julia Fischer

Datum der Abgabe: 08.05.2006

Inhalt

1. Einführung

Wenn man im Internet bei der Suchmaschine Google die Wortgruppe „Studien zur Werbewirkung" eingibt, so wird man mit ca. 90000 Treffern konfrontiert. Obwohl natürlich nicht jede dieser Seiten brauchbar ist, fühlte ich mich zunächst total überfordert mit diesem Thema.

Schließlich entschied ich mich für die Studie von AdTrend, bei der es um die unterschiedliche Werbewirkung von TV-Werbespots bei Viel- und Wenigsehern geht.

In meinen folgenden Ausführungen werde ich zunächst kurz erklären, um was es sich bei AdTrend handelt. Anschließend werde ich die Methode dieser Studie erläutern und die zentralen Ergebnisse der aktuellen Untersuchung darlegen. Schließlich werde ich noch ein Fazit ziehen, welches die zentralen Aussagen der Studie noch einmal verdeutlichen soll.

2. Was ist AdTrend?

AdTrend ist die Werbewirkungsstudie von SevenOne Media, dem Mediendienst und Werbezeitenvermarkter von den TV-Sendern Sat1, Pro7, Kabel1 und N24. AdTrend betreibt seit 1997 eine kontinuierliche Analyse von Kampagnenwirkungen, indem sie pro Jahr rund 60 Marken aus etwa 20 Warengruppen beobachtet und analysiert. Dabei werden die Wirkungsmaße Markenbekanntheit, Kampagnen-Recall, Kampagnen-Sympathie, Kauf-bereitschaft und Verwendung erfasst und AdTrend arbeitet hierfür eng mit der GfK-Fernsehforschung und Nielsen Media Research zusammen.

3. Methode

Im folgenden möchte ich die Methode von AdTrend etwas näher erläutern. Dazu werde ich auf die Erhebung der Daten, das Modell zur Ermittlung der

Kontaktdosis, die aktuelle Untersuchung und die zugehörige Datenbasis eingehen.

3.1. Erhebung der Daten

Die Daten für die Studie von AdTrend werden durch Telefoninterviews erhoben, wobei jeweils für ein Jahr 300 solcher Interviews pro Woche durchgeführt werden. Die Grundgesamtheit stellt somit die gesamte deutsch sprechende Bevölkerung der BRD in Haushalten mit Telefon dar. Durch die Befragung werden zum einen 5 verschiedene Wirkungsmaße erhoben, zum anderen jedoch auch Angaben zur Mediennutzung und zur Demografie.

Die folgende Abbildung fasst noch einmal die wesentlichen Punkte der Datenerhebung zusammen:

Der Studiensteckbrief

Die Erhebung	Grundgesamtheit	Deutsch sprechende Bevölkerung, E 14-64 J., in Haushalten mit Telefon, BRD gesamt
	Stichprobe	Repräsentative Zufallsstichprobe
	Erhebungsform	Telefoninterviews [CATI]
	Rhythmus	300 Interviews wöchentlich
	Erhebungszeitraum	Jeweils ein Jahr [= 52 Wochen]
	Institut	ENIGMA GfK, Wiesbaden
Die Inhalte	Wirkungsmaße	Markenbekanntheit [gestützt] Kampagnen-Recall [gestützt] Kampagnensympathie Kaufbereitschaft Verwendung
	Mediennutzung	Fernsehnutzung nach Sendern und Zeitabschnitten
	Demografie	Alter, Geschlecht, Schulbildung etc.

Quelle: AdTrend | © SevenOne Media

Abb. 1: Studiensteckbrief

3.2. Modell zur Ermittlung der Kontaktdosis

Ein Problem der Telefoninterviews von AdTrend ist, dass die erhobenen Daten zur Fernsehnutzung zu wenig differenziert und mit den üblichen Störvariablen behaftet sind. Beispielsweise können sich die befragten Personen häufig nicht mehr genau erinnern oder sie wollen der sozialen Erwünschtheit gerecht werden. Aus diesem Grund arbeitet AdTrend bei der Ermittlung der Kontaktdosis eng mit dem GfK-Fernsehpanel und Nielsen Media Research zusammen.

Die GfK-Fernsehforschung ist für eine kontinuierliche Erhebung von TV-Einschaltquoten zuständig. Jeweils am Tag nach der Ausstrahlung des Programms übermittelt die GfK-Fernsehforschung noch vor 9.00 Uhr die Fernsehnutzungsdaten des Vortags. Die täglich ermittelten GfK-Daten geben Auskunft über jede Art der Fernsehnutzung aller in Deutschland empfangbaren Sender in einer flächen- und bevölkerungsrepräsentativen Stichprobe.

Nielsen Media Research liefert seit über 50 Jahren detaillierte Informationen zu Werbemaßnahmen in den klassischen Medien in Deutschland. Somit werden eingehende Analysen von Werbekampagnen über alle Medien des deutschen Werbemarktes ermöglicht. Weiterhin können mit den werbestatistischen Daten die Aufwendungen für Werbemaßnahmen in fast allen Marktsegmenten ermittelt und deren Verteilung auf die entsprechenden Medien und Werbeträger analysiert werden. Neben den Werbeaufwendungen sind natürlich auch sämtliche Details einer Werbekampagne auswertbar (z.B. Werbeform, Anzahl der Schaltungen, Spotlänge, Anzeigenformat, Anzahl der Spots / Werbeblöcke, Werbeblockposition usw.). Alle in irgendeiner Art und Weise mit Werbung zusammenhängenden Institutionen nutzen die Nielsen Werbestatistik als Basis für die Analyse von aktuellen Werbetrends, für die Erstellung von detaillierten Markt- und Wettbewerbsanalysen und zur Planung und Optimierung von Werbekampagnen.

Bei der Ermittlung der Kontaktdosis führt AdTrend zunächst eine Datenfusion durch. Dabei werden die erfassten Werbenutzungswahrscheinlichkeiten des GfK auf die befragten Personen übertragen, indem die Datensätze von Personen aus zwei verschiedenen Erhebungen zusammengeführt werden. Beide Datensätze enthalten einen Teil gleicher Informationen, nämlich die gemeinsamen Merkmale. Hier handelt es sich in aller Regel um demografische Merkmale. Bei AdTrend erfolgt die Datenfusion nach dem topologischen Modell, auf dem auch die Fusionen der Arbeitsgemeinschaft Media-Analyse (MA) basieren. Als gemeinsame Merkmale der beiden Stichproben werden Daten zur Demografie, zum Freizeitverhalten und zur Fernsehnutzung herangezogen.

In einem zweiten Schritt werden die aus der Datenfusion resultierenden Wahrscheinlichkeitswerte mit der jeweiligen Anzahl der Kampagnenschaltungen von Nielsen Media Research bis zum Zeitpunkt des Interviews verrechnet. Als Ergebnis erhält man dann einen realistischen Schätzwert für die Menge der erzielten Kampagnenkontakte. Bei der vorliegenden Studie wird die Kontaktdosis der letzten vier Wochen vor der Befragung angezeigt.

Die folgende Abbildung fasst noch einmal das Modell zur Ermittlung der Kontaktdosis zusammen:

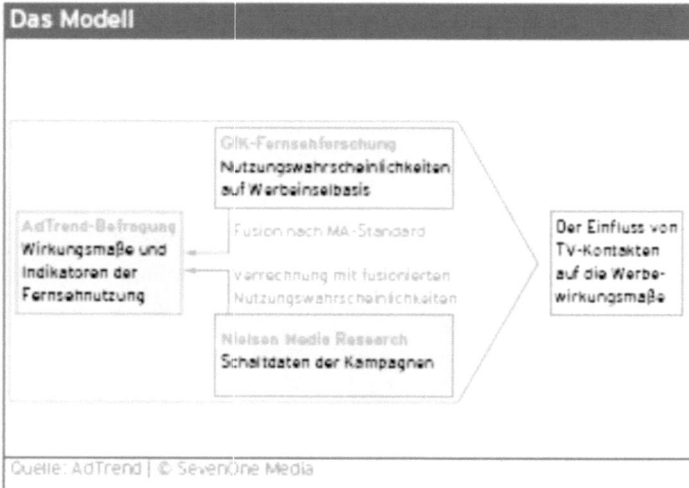

Abb. 2: Modell zur Ermittlung der Kontaktdosis

3.3. Aktuelle Untersuchung

Im Fokus der aktuellen Untersuchung steht die klassische Unterscheidung von Viel- und Selektivsehern, welche durch die unterschiedliche Länge der Fernsehnutzung definiert sind. Es wird davon ausgegangen, dass diese beiden Sehertypen durch eine verschiedene Werbewirkung von Kampagnen gekennzeichnet sind. Vielseher müssten mit einer höheren Anzahl von Kampagnen in Kontakt treten. Selektivseher hingegen müssten eine geringere Anzahl von Kampagnenkontakten aufweisen und somit müsste bei ihnen auch ein geringerer Konkurrenzwerbedruck bestehen, wodurch die gesehenen Kampagnen eine bessere Werbewirkung erzielen könnten. Die beiden zentralen Hypothesen dieser Studie lauten also:

1. Die Länge der Fernsehnutzung hat einen Einfluss auf die Werbewirkung einer Kampagne.
2. Die Anzahl der Kontakte mit unterschiedlichen Kampagnen hat einen Einfluss auf die Werbewirkung.

Auch zur Untersuchung soll hier noch einmal eine zusammenfassende Abbildung hilfreich sein:

Die Untersuchung	
Zielsetzung	Analyse der Werbewirkung bei Viel- und Wenigsehern
Daten	AdTrend-Datensätze 2000 bis 2002
Basis	176 Kampagnen
Methode	Analyse der Werbewirkung nach Länge der TV-Nutzung Kampagnen-Exposition Kampagnen-Exposition und Kontaktstruktur Kampagnen-Exposition und Soziodemografie
Quelle: AdTrend | © SevenOne Media	

Abb. 3: Untersuchung

3.4. Datenbasis

Insgesamt wurde für die vorliegende Studie die Werbewirkung von 176 Kampagnen aus dem Untersuchungszeitraum 2000 bis 2002 untersucht. In der folgenden Tabelle ist die Verteilung auf die einzelnen Branchen dargestellt:

Branchen	Anzahl der Kampagnen
Food (z.B. Bier, Pharmazeutische Produkte, Süßwaren)	86
Dienstleister (z.B. Finanzdienstleister, Einkaufsstätten, Online-Dienste)	56
Non-Food (z.B. Haarpflegeprodukte, Kosmetik, Zahnpflegeprodukte)	23
PKW-Kampagnen	11
	176

Tab. 1: Verteilung der Kampagnen auf die einzelnen Branchen

Die Zahlen für die Kampagnen in den einzelnen Produktgruppen können in der PDF-Datei von AdTrend nachgelesen werden (siehe Quellenverzeichnis).

4. Ergebnisse

In meinen folgenden Ausführungen möchte ich nun die Ergebnisse der AdTrend-Studie darstellen. Ich werde dabei zunächst auf die Überprüfung der ersten Hypothese (TV-Nutzung) eingehen und anschließend auf die der zweiten Hypothese (Kampagnen-Exposition), wobei diese sich noch einmal konkret mit der Kontaktstruktur und der Soziodemografie beschäftigt.

4.1. TV-Nutzung

Bei der Überprüfung der ersten Hypothese wurden die AdTrend-Befragten aus den Jahren 2000 bis 2002 anhand ihrer TV-Nutzung in drei gleich große Gruppen eingeteilt: das untere, das mittlere und das obere Drittel (in den Grafiken der Studie gekennzeichnet durch wenig, mittel und viel). Durch die Berechnung von Wirkungskurven konnte dann die Werbewirkung in Abhängigkeit der Kampagnenkontakte abgebildet werden. Somit wurde schließlich überprüft, ob sich die Kampagnen-Wirkung je nach Länge der Fernsehnutzung unterscheidet. Beispielsweise sehen die Wirkkungskurven für das Maß Verwendung folgendermaßen aus:

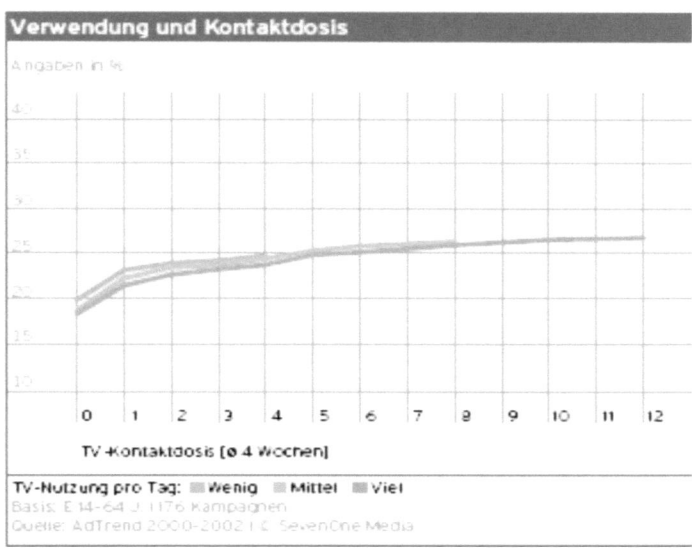

Abb. 4: Wirkungskurven für TV-Nutzung und Verwendung

Im Ergebnis stellte sich heraus, dass bei keinem der gemessenen Wirkungsmaße ein erheblicher Unterschied zwischen den 3 Gruppen zu erkennen war.

Die erste Hypothese der Studie wurde somit nicht bestätigt und man kann zusammenfassend formulieren: Die Länge der Fernsehnutzung hat keinen messbaren Einfluss auf die Werbewirkung einer Kampagne.

4.2. Kampagnen-Exposition

Mit dem Begriff Kampagnen-Exposition ist in der AdTrend-Studie das Konkurrenzumfeld einer einzelnen Kampagne gemeint. Bei der Überprüfung der zweiten Hypothese lautet die zentrale Frage: Beeinträchtigt ein Mehr an konkurrierenden Kontakten die Werbewirkung einer Kampagne? Um diese Frage zu beantworten, muss zunächst für alle Befragten ermittelt werden, mit wie vielen der hier analysierten Kampagnen sie überdurchschnittlich viele Werbekontakte aufweisen. Anschließend werden sie wieder in 3 Gruppen eingeteilt, diesmal jedoch nach der Anzahl der Kampagnen: Personen, die mit vielen (23 und mehr), einer mittleren Anzahl (5-22) oder nur wenigen (0-4) Kampagnen überdurchschnittlich viele Kontakte hatten (in den Grafiken der Studie gekennzeichnet durch hoch, mittel und niedrig).

Einfluss auf die Werbeerinnerung:

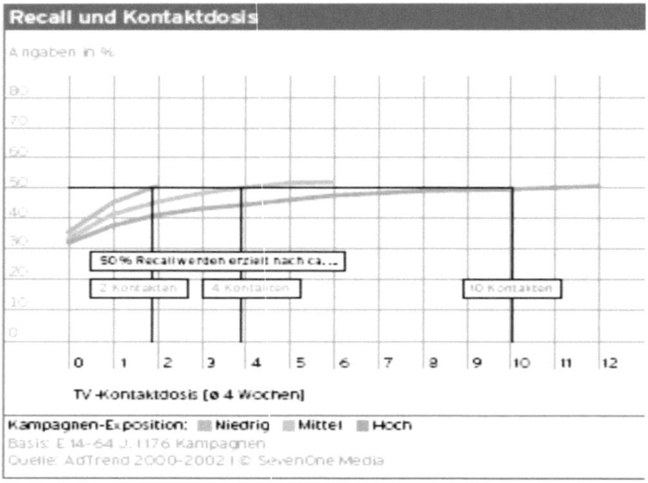

Abb. 5: Einfluss der Kampagnen-Exposition auf die Werbeerinnerung

Die Grafik zeigt sehr deutlich, dass die Kampagnen-Exposition einen Einfluss auf die Werbeerinnerung hat. Die Wirkungskurven starten zwar alle auf einem vergleichbaren Ausgangsniveau, jedoch unterscheiden sie sich im Hinblick auf den Wirkungszuwachs. Personen, die nur zu wenigen Kampagnen überdurchschnittlich viele Kontakte haben, benötigen gerade einmal zwei Kontakte, um einen Recall von 50 Prozent zu erreichen. Bei einer niedrigen Kampagnen-Exposition wird eine Kampagne somit deutlich schneller gelernt, als bei Personen, die mit einer höheren Anzahl von konkurrierenden Kampagnen Kontakt hatten. Bei einer mittleren Kampagnen-Exposition wird ein 50-prozentiger Recall nach etwa vier Kontakten erzielt und bei einem hohen Konkurrenzumfeld sind sogar zehn Kontakte innerhalb von vier Wochen notwendig.

Einfluss auf die Kampagnen-Sympathie:

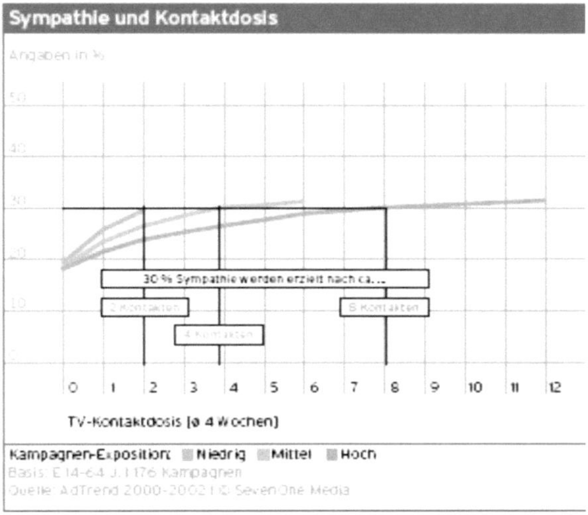

Abb. 6: Einfluss der Kampagnen-Exposition auf die Sympathie

Bei niedriger Kampagnen-Exposition können bereits mit nur wenigen Kontakten hohe Sympathiewerte erzielt werden. Beispielsweise bedarf es lediglich zwei Kontakten, um einen Sympathiewert von 30 Prozent zu erreichen. In der mittleren Gruppe sind es vier Kontakte und bei hoher Kampagnen-Exposition werden bereits acht Kontakte für eine vergleichbare

Sympathie benötigt. Somit unterliegt auch die Kampagnen-Sympathie maßgeblich dem Einfluss des Konkurrenzwerbedrucks.

Einfluss auf die Kaufbereitschaft:

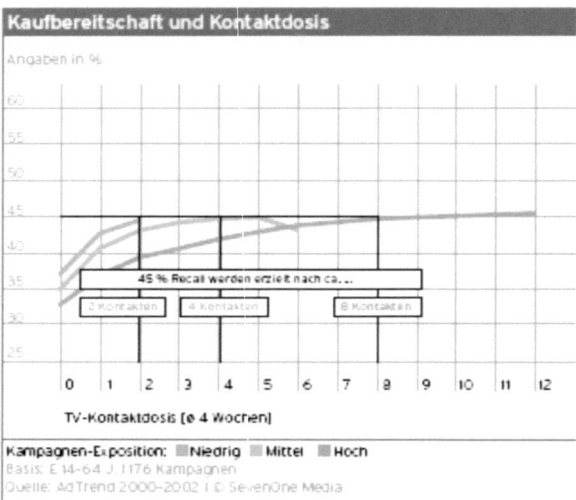

Abb. 7: Einfluss der Kampagnen-Exposition auf die Kaufbereitschaft

Wenn eine Kampagne beim Zuschauer mit nur wenigen anderen Kampagnen konkurriert, löst sie deutlich stärkere Kaufimpulse aus. Für eine Kaufbereitschaft in Höhe von 45 Prozent sind bei Personen mit niedriger Kampagnen-Exposition nur zwei Kontakte notwendig. Bei einem mittleren Konkurrenzumfeld sind es vier Kontakte und bei Personen, die überdurchschnittlich viele Kampagnen gesehen haben, werden acht Kontakte benötigt, um eine 45-prozentige Kaufbereitschaft zu erreichen. Im Gegensatz zu Recall und Sympathie starten die Wirkungskurven hier auf unterschiedlichen Niveaus. In allen drei Gruppen sind etwa 2 Kontakte notwendig, um einen relativen Zuwachs von 20 Prozent zu erzielen. Insgesamt liegen die Wirkungszuwächse jedoch auf einem niedrigen Niveau, da absatzrelevante Maße wie die Kaufbereitschaft deutlich schwieriger zu beeinflussen sind und träger auf die Kontakte reagieren.

Einfluss auf die Verwendung:

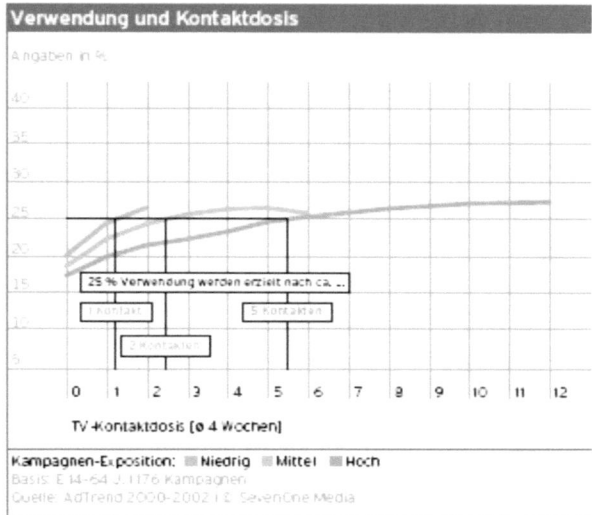

Abb. 8: Einfluss der Kampagnen-Exposition auf die Verwendung

Hier wird deutlich, dass auch die Verwendung von der Anzahl konkurrierender Kampagnen beeinflusst wird. Um eine Verwendung von 25 Prozent zu erreichen, werden ein, zwei und fünf Kontakte in den analysierten Gruppen benötigt.

Zusammenfassend lässt sich also feststellen, dass die zweite Hypothese dieser Studie bestätigt werden konnte und man kann zusammenfassend formulieren: Viele Kontakte mit unterschiedlichen Kampagnen beeinträchtigen die Werbewirkung.

Untersuchungen der Kampagnen-Exposition in Zusammenhang mit der Kontaktstruktur haben gezeigt, dass jüngere Kontakte die Werbewirkung nachhaltig verbessern und den Recall und die Sympathie begünstigen können. Weiterhin konnten kaum soziodemografische Unterschiede bei hoher und niedriger Kampagnen-Exposition nachgewiesen werden.

5. Fazit

Grundsätzlich lässt sich als Resümee dieser Studie festhalten, dass es keine Unterschiede in der Werbewirkung der untersuchten Kampagnen gibt bei alleiniger Betrachtung der Länge der Fernsehnutzung. Alle Wirkungsmaße liegen auf vergleichbarem Niveau und zeigen einen nahezu identischen Wirkungszuwachs mit zunehmender Anzahl von Kontakten. Die Länge der Fernsehnutzung ist somit ungeeignet zur Zielgruppenoptimierung in der Mediaplanung. Die Kampagnen-Exposition hingegen stellt eine sehr wichtige Größe im Werbewirkungsprozess dar. Ein Mehr an gesehenen Konkurrenzkampagnen bedeutet weniger Wirkung, was besonders bei den Wirkungsmaßen Recall und Sympathie deutlich geworden ist. Bei einer niedrigen Kampagnen-Exposition fällt die Werbewirkung deutlich besser aus.

6. Tabellenverzeichnis

7. Abbildungsverzeichnis

8. Quellenverzeichnis

GfK Gruppe (2006). GfK Fernsehforschung [HTML]. Verfügbar unter: http://www.gfk.com/index.php?lang=de&contentpath=http%3A//www.gfk.com/produkte/statisch/services/produkt_1_1_3_074.php [08.05.06]

Nielsen Media Research (2006). Werbestatistik [HTML]. Verfügbar unter: http://www.nielsen-media.de/pages/template.aspx?level=2&treeViewID=2.19.0.0.0 [08.05.06]

SevenOne Media (2004). AdTrend Spezial 4. Eine Untersuchung zur Werbewirkung bei Viel- und Wenigsehern [PDF]. Verfügbar unter: http://appz.sevenonemedia.de/download/publikationen/AdTrend_Spezial4.pdf [08.05.06].

SevenOne Media (2006). Begriffsklärung AdTrend [HTML]. Verfügbar unter: http://www.sevenonemedia.de/unternehmen/bibliothek/lexikas/ [08.05.06]